Hymnen an die Nacht / Die Christenheit oder Europa

Novalis

Alpha Editions

This edition published in 2022

ISBN : 9789356710283

Design and Setting By
Alpha Editions
www.alphaedis.com
Email - info@alphaedis.com

Hymnen an die Nacht

Welcher Lebendige, Sinnbegabte, liebt nicht vor allen Wundererscheinungen des verbreiteten Raums um ihn, das allerfreuliche Licht — mit seinen Farben, seinen Strahlen und Wogen; seiner milden Allgegenwart, als weckender Tag. Wie des Lebens innerste Seele atmet es der rastlosen Gestirne Riesenwelt, und schwimmt tanzend in seiner blauen Flut — atmet es der funkelnde, ewigruhende Stein, die sinnige, saugende Pflanze, und das wilde, brennende, vielgestaltete Tier — vor allen aber der herrliche Fremdling mit den sinnvollen Augen, dem schwebenden Gange, und den zartgeschlossenen, tonreichen Lippen. Wie ein König der irdischen Natur ruft es jede Kraft zu zahllosen Verwandlungen, knüpft und löst unendliche Bündnisse, hängt sein himmlisches Bild jedem irdischen Wesen um. — Seine Gegenwart allein offenbart die Wunderherrlichkeit der Reiche der Welt.

Abwärts wend' ich mich zu der heiligen, unaussprechlichen, geheimnisvollen Nacht. Fernab liegt die Welt — in eine tiefe Gruft versenkt — wüst und einsam ist ihre Stelle. In den Saiten der Brust weht tiefe Wehmut. In Tautropfen will ich hinuntersinken und mit der Asche mich vermischen. — Fernen der Erinnerung, Wünsche der Jugend, der Kindheit Träume, des ganzen langen Lebens kurze Freuden und vergebliche Hoffnungen kommen in grauen Kleidern, wie Abendnebel nach der Sonne Untergang. In andern Räumen schlug die lustigen Gezelte das Licht auf. Sollte es nie zu seinen Kindern wiederkommen, die mit der Unschuld Glauben seiner harren?

Was quillt auf einmal so ahndungsvoll unterm Herzen, und verschluckt der Wehmut weiche Luft? Hast auch du ein Gefallen an uns, dunkle Nacht? Was hältst du unter deinem Mantel, das mir unsichtbar kräftig an die Seele geht? Köstlicher Balsam träuft aus deiner Hand, aus dem Bündel Mohn. Die schweren Flügel des Gemüts hebst du empor. Dunkel und unaussprechlich fühlen wir uns bewegt — ein ernstes Antlitz seh' ich froh erschrocken, das sanft und andachtsvoll sich zu mir neigt, und unter unendlich verschlungenen Locken der Mutter liebe Jugend zeigt. Wie arm und kindisch dünkt mir das Licht nun — wie erfreulich und gesegnet des Tages Abschied — Also nur darum, weil die Nacht dir abwendig macht die Dienenden, säetest du in des Raumes Weiten die leuchtenden Kugeln, zu verkünden deine Allmacht — deine Wiederkehr — in den Zeiten deiner Entfernung. Himmlischer, als jene blitzenden Sterne, dünken uns die unendlichen Augen, die die Nacht in uns geöffnet. Weiter sehn sie, als die blässesten jener zahllosen Heere — unbedürftig des Lichts durchschaun sie die Tiefen eines liebenden Gemüts — was einen höhern Raum mit unsäglicher Wollust füllt. Preis der Weltkönigin, der hohen Verkündigerin heiliger Welten, der Pflegerin seliger Liebe — sie sendet mir dich — zarte Geliebte — liebliche

Sonne der Nacht, — nun wach' ich — denn ich bin Dein und Mein — du hast die Nacht mir zum Leben verkündet — mich zum Menschen gemacht — zehre mit Geisterglut meinen Leib, daß ich lustig mit dir inniger mich mische und dann ewig die Brautnacht währt.

Muß immer der Morgen wiederkommen? Endet nie des Irdischen Gewalt? unselige Geschäftigkeit verzehrt den himmlischen Anflug der Nacht. Wird nie der Liebe geheimes Opfer ewig brennen? Zugemessen ward dem Lichte seine Zeit; aber zeitlos und raumlos ist der Nacht Herrschaft. — Ewig ist die Dauer des Schlafs. Heiliger Schlaf — beglücke zu selten nicht der Nacht Geweihte in diesem irdischen Tagewerk. Nur die Toren verkennen dich und wissen von keinem Schlafe, als dem Schatten, den du in jener Dämmerung der wahrhaften Nacht mitleidig auf uns wirfst. Sie fühlen dich nicht in der goldnen Flut der Trauben — in des Mandelbaums Wunderöl, und dem braunen Safte des Mohns. Sie wissen nicht, daß du es bist, der des zarten Mädchens Busen umschwebt und zum Himmel den Schoß macht — ahnden nicht, daß aus alten Geschichten du himmelöffnend entgegentrittst und den Schlüssel trägst zu den Wohnungen der Seligen, unendlicher Geheimnisse schweigender Bote.

Einst da ich bittre Tränen vergoß, da in Schmerz aufgelöst meine Hoffnung zerrann, und ich einsam stand am dürren Hügel, der in engen, dunkeln Raum die Gestalt meines Lebens barg — einsam, wie noch kein Einsamer war, von unsäglicher Angst getrieben — kraftlos, nur ein Gedanken des Elends noch. — Wie ich da nach Hilfe umherschaute, vorwärts nicht konnte und rückwärts nicht, und am fliehenden, verlöschten Leben mit unendlicher Sehnsucht hing: — da kam aus blauen Fernen — von den Höhen meiner alten Seligkeit ein Dämmerungsschauer — und mit einem Male riß das Band der Geburt — des Lichtes Fessel. Hin floh die irdische Herrlichkeit und meine Trauer mit ihr — zusammen floß die Wehmut in eine neue, unergründliche Welt — du Nachtbegeisterung, Schlummer des Himmels kamst über mich — die Gegend hob sich sacht empor; über der Gegend schwebte mein entbundner, neugeborner Geist. Zur Staubwolke wurde der Hügel — durch die Wolke sah ich die verklärten Züge der Geliebten. In ihren Augen ruhte die Ewigkeit — ich faßte ihre Hände, und die Tränen wurden ein funkelndes, unzerreißliches Band. Jahrtausende zogen abwärts in die Ferne, wie Ungewitter. An ihrem Halse weint' ich dem neuen Leben entzückende Tränen. — Es war der erste, einzige Traum — und erst seitdem fühl' ich ewigen, unwandelbaren Glauben an den Himmel der Nacht und sein Licht, die Geliebte.

Nun weiß ich, wenn der letzte Morgen sein wird — wenn das Licht nicht mehr die Nacht und die Liebe scheucht — wenn der Schlummer ewig und nur ein unerschöpflicher Traum sein wird. Himmlische Müdigkeit fühl' ich in mir. — Weit und ermüdend ward mir die Wallfahrt zum Heiligen Grabe, drückend das Kreuz. Die kristallene Woge, die gemeinen Sinnen unvernehmlich, in des Hügels dunkeln Schoß quillt, an dessen Fuß die irdische Flut bricht, wer sie gekostet, wer oben stand auf dem Grenzgebirge der Welt, und hinübersah in das neue Land, in der Nacht Wohnsitz — wahrlich der kehrt nicht in das Treiben der Welt zurück, in das Land, wo das Licht in ewiger Unruh' hauset.

Oben baut er sich Hütten, Hütten des Friedens, sehnt sich und liebt, schaut hinüber, bis die vollkommenste aller Stunden hinunter ihn in den Brunnen der Quelle zieht — das Irdische schwimmt obenauf, wird von Stürmen zurückgeführt, aber was heilig durch der Liebe Berührung ward, rinnt aufgelöst in verborgenen Gängen auf das jenseitige Gebiet, wo es, wie Düfte, sich mit entschlummerten Lieben mischt. Noch weckst du, muntres Licht, den Müden zur Arbeit — flößest fröhliches Leben mir ein — aber du lockst mich von der Erinnerung moosigem Denkmal nicht. Gern will ich die fleißigen Hände rühren, überall umschaun, wo du mich brauchst — rühmen deines Glanzes volle Pracht — unverdrossen verfolgen deines künstlichen Werks schönen Zusammenhang — gern betrachten deiner gewaltigen, leuchtenden Uhr sinnvollen Gang — ergründen der Kräfte Ebenmaß und die Regeln des Wunderspiels unzähliger Räume und ihrer Zeiten. Aber getreu der Nacht bleibt mein geheimes Herz, und der schaffenden Liebe, ihrer Tochter. Kannst du mir zeigen ein ewig treues Herz? hat deine Sonne freundliche Augen, die mich erkennen? fassen deine Sterne meine verlangende Hand? geben mir wieder den zärtlichen Druck und das kosende Wort? hast du mit Farben und leichtem Umriß sie geziert — oder war s i e es, die deinem Schmuck höhere, liebere Bedeutung gab? Welche Wollust, welchen Genuß bietet dein Leben, die aufwögen des Todes Entzückungen? Trägt nicht alles, was uns begeistert, die Farbe der Nacht? Sie trägt dich mütterlich, und ihr verdankst du all deine Herrlichkeit. Du verflögst in dir selbst — in endlosen Raum zergingst du, wenn sie dich nicht hielte, dich nicht bände, daß du warm würdest und flammend die Welt zeugtest. Wahrlich ich war, eh' du warst — die Mutter schickte mit meinen Geschwistern mich, zu bewohnen deine Welt, sie zu heiligen mit Liebe, daß sie ein ewig angeschautes Denkmal werde — zu bepflanzen sie mit unverwelklichen Blumen. Noch reiften sie nicht, diese göttlichen Gedanken — Noch sind der Spuren unserer Offenbarung wenig — Einst zeigt deine Uhr das Ende der Zeit, wenn du wirst wie unsereiner, und voll Sehnsucht und Inbrunst auslöschest und stirbst. In mir fühl' ich deiner Geschäftigkeit Ende — himmlische Freiheit, selige Rückkehr. In wilden Schmerzen erkenn' ich deine Entfernung von unsrer Heimat, deinen Widerstand gegen den alten, herrlichen Himmel. Deine Wut und dein Toben ist vergebens. Unverbrennlich steht das Kreuz — eine Siegesfahne unsers Geschlechts.

Hinüber wall' ich,
Und jede Pein
Wird einst ein Stachel
Der Wollust sein.
Noch wenig Zeiten,
So bin ich los,
Und liege trunken
Der Lieb' im Schoß.
Unendliches Leben
Wogt mächtig in mir,
Ich schaue von oben
Herunter nach dir.
An jenem Hügel
Verlischt dein Glanz —
Ein Schatten bringet
Den kühlenden Kranz.
O! sauge, Geliebter,
Gewaltig mich an,
Daß ich entschlummern
Und lieben kann.
Ich fühle des Todes
Verjüngende Flut,
Zu Balsam und Äther
Verwandelt mein Blut —
Ich lebe bei Tage
Voll Glauben und Mut
Und sterbe die Nächte
In heiliger Glut.

Über der Menschen weitverbreitete Stämme herrschte vorzeiten ein eisernes Schicksal mit stummer Gewalt. Eine dunkle, schwere Binde lag um ihre bange Seele — Unendlich war die Erde — der Götter Aufenthalt, und ihre Heimat. Seit Ewigkeiten stand ihr geheimnisvoller Bau. Über des Morgens roten Bergen, in des Meeres heiligem Schoß wohnte die Sonne, das allzündende, lebendige Licht. Ein alter Riese trug die selige Welt. Fest unter Bergen lagen die Ursöhne der Mutter Erde. Ohnmächtig in ihrer zerstörenden Wut gegen das neue herrliche Göttergeschlecht und dessen Verwandten, die fröhlichen Menschen. Des Meers dunkle, grüne Tiefe war einer Göttin Schoß. In den kristallenen Grotten schwelgte ein üppiges Volk.

Flüsse, Bäume, Blumen und Tiere hatten menschlichen Sinn. Süßer schmeckte der Wein von sichtbarer Jugendfülle geschenkt — ein Gott in den Trauben — eine liebende, mütterliche Göttin, emporwachsend in vollen goldenen Garben — der Liebe heil'ger Rausch ein süßer Dienst der schönsten Götterfrau — ein ewig buntes Fest der Himmelskinder und der Erdbewohner rauschte das Leben, wie ein Frühling, durch die Jahrhunderte hin — Alle Geschlechter verehrten kindlich die zarte, tausendfältige Flamme als das Höchste der Welt. Ein Gedanke nur war es, e i n entsetzliches Traumbild,

Das furchtbar zu den frohen Tischen trat
Und das Gemüt in wilde Schrecken hüllte.
Hier wußten selbst die Götter keinen Rat,
Der die beklommne Brust mit Trost erfüllte.
Geheimnisvoll war dieses Unholds Pfad,
Des Wut kein Flehn und keine Gabe stillte;
Es war der Tod, der dieses Lustgelag'
Mit Angst und Schmerz und Tränen unterbrach.

Auf ewig nun von allem abgeschieden,
Was hier das Herz in süßer Wollust regt,
Getrennt von den Geliebten, die hienieden
Vergebne Sehnsucht, langes Weh bewegt,
Schien matter Traum dem Toten nur beschieden,
Ohnmächt'ges Ringen nur ihm auferlegt.
Zerbrochen war die Woge des Genusses
Am Felsen des unendlichen Verdrusses.

Mit kühnem Geist und hoher Sinnenglut
Verschönte sich der Mensch die grause Larve,
Ein sanfter Jüngling löscht das Licht und ruht —
Sanft wird das Ende, wie ein Wehn der Harfe.
Erinnrung schmilzt in kühler Schattenflut,
So sang das Lied dem traurigen Bedarfe.
Doch unenträtselt blieb die ew'ge Nacht,
Das ernste Zeichen einer fernen Macht.

Zu Ende neigte die alte Welt sich. Des jungen Geschlechts Lustgarten verwelkte — hinauf in den freieren, wüsten Raum strebten die unkindlichen, wachsenden Menschen. Die Götter verschwanden mit ihrem Gefolge — Einsam und leblos stand die Natur. Mit eiserner Kette band sie die dürre Zahl und das strenge Maß. Wie in Staub und Lüfte zerfiel in dunkle Worte die unermeßliche Blüte des Lebens. Entflohn war der beschwörende

Glauben, und die allverwandelnde, allverschwisternde Himmelsgenossin, die Phantasie. Unfreundlich blies ein kalter Nordwind über die erstarrte Flur, und die erstarrte Wunderheimat verflog in den Äther. Des Himmels Fernen füllten mit leuchtenden Welten sich. Ins tiefre Heiligtum, in des Gemüts höhern Raum zog mit ihren Mächten die Seele der Welt — zu walten dort bis zum Anbruch der tagenden Weltherrlichkeit. Nicht mehr war das Licht der Götter Aufenthalt und himmlisches Zeichen — den Schleier der Nacht warfen sie über sich. Die Nacht ward der Offenbarungen mächtiger Schoß — in ihn kehrten die Götter zurück — schlummerten ein, um in neuen herrlichern Gestalten auszugehn über die veränderte Welt. Im Volk, das vor allen verachtet zu früh reif und der seligen Unschuld der Jugend trotzig fremd geworden war, erschien mit nie gesehenem Angesicht die neue Welt — In der Armut dichterischer Hütte — Ein Sohn der ersten Jungfrau und Mutter — Geheimnisvoller Umarmung unendliche Frucht. Des Morgenlands ahndende, blütenreiche Weisheit erkannte zuerst der neuen Zeit Beginn — Zu des Königs demütiger Wiege wies ihr ein Stern den Weg. In der weiten Zukunft Namen huldigten sie ihm mit Glanz und Duft, den höchsten Wundern der Natur. Einsam entfaltete das himmlische Herz sich zu einem Blütenkelch allmächtger Liebe — des Vaters hohem Antlitz zugewandt und ruhend an dem ahndungssel'gen Busen der lieblich-ernsten Mutter. Mit vergötternder Inbrunst schaute das weissagende Auge des blühenden Kindes auf die Tage der Zukunft, nach seinen Geliebten, den Sprossen seines Götterstamms, unbekümmert über seiner Tage irdisches Schicksal. Bald sammelten die kindlichsten Gemüter von inniger Liebe wundersam ergriffen sich um ihn her. Wie Blumen keimte ein neues fremdes Leben in seiner Nähe. Unerschöpfliche Worte und der Botschaften fröhlichste fielen wie Funken eines göttlichen Geistes von seinen freundlichen Lippen. Von ferner Küste, unter Hellas' heiterm Himmel geboren, kam ein Sänger nach Palästina und ergab sein ganzes Herz dem Wunderkinde:

Der Jüngling bist du, der seit langer Zeit
Auf unsern Gräbern steht in tiefen Sinnen;
Ein tröstlich Zeichen in der Dunkelheit —
Der höhern Menschheit freudiges Beginnen.
Was uns gesenkt in tiefe Traurigkeit,
Zieht uns mit süßer Sehnsucht nun von hinnen.
Im Tode ward das ew'ge Leben kund,
Du bist der Tod und machst uns erst gesund.

Der Sänger zog voll Freudigkeit nach Indostan — das Herz von süßer Liebe trunken; und schüttete in feurigen Gesängen es unter jenem milden Himmel aus, daß tausend Herzen sich zu ihm neigten, und die fröhliche Botschaft tausendzweigig emporwuchs. Bald nach des Sängers Abschied ward das köstliche Leben ein Opfer des menschlichen tiefen Verfalls — Er starb in jungen Jahren, weggerissen von der geliebten Welt, von der weinenden Mutter und seinen zagenden Freunden. Der unsäglichen Leiden dunkeln Kelch leerte der liebliche Mund — In entsetzlicher Angst nahte die Stunde der Geburt der neuen Welt. Hart rang er mit des alten Todes Schrecken — Schwer lag der Druck der alten Welt auf ihm. Noch einmal sah er freundlich nach der Mutter — da kam der ewigen Liebe lösende Hand — und er entschlief. Nur wenig Tage hing ein tiefer Schleier über das brausende Meer, über das bebende Land — unzählige Tränen weinten die Geliebten — Entsiegelt ward das Geheimnis — himmlische Geister hoben den uralten Stein vom dunkeln Grabe. Engel saßen bei dem Schlummernden — aus seinen Träumen zartgebildet — Erwacht in neuer Götterherrlichkeit erstieg er die Höhe der neugebornen Welt — begrub mit eigner Hand den alten Leichnam in die verlaßne Höhle, und legte mit allmächtiger Hand den Stein, den keine Macht erhebt, darauf.

Noch weinen deine Lieben Tränen der Freude, Tränen der Rührung und des unendlichen Danks an deinem Grabe — sehn dich noch immer, freudig erschreckt, auferstehn — und sich mit dir; sehn dich weinen mit süßer Inbrunst an der Mutter seligem Busen, ernst mit den Freunden wandeln, Worte sagen, wie vom Baum des Lebens gebrochen; sehen dich eilen mit voller Sehnsucht in des Vaters Arm, bringend die junge Menschheit, und der goldnen Zukunft unversieglichen Becher. Die Mutter eilte bald dir nach — in himmlischem Triumph — Sie war die Erste in der neuen Heimat bei dir. Lange Zeiten entflossen seitdem, und in immer höherm Glanze regte deine neue Schöpfung sich — und Tausende zogen aus Schmerzen und Qualen, voll Glauben und Sehnsucht und Treue dir nach — walten mit dir und der himmlischen Jungfrau im Reiche der Liebe — dienen im Tempel des himmlischen Todes und sind in Ewigkeit dein.

Gehoben ist der Stein —
Die Menschheit ist erstanden —
Wir alle bleiben dein
Und fühlen keine Banden.
Der herbste Kummer fleucht
Vor deiner goldnen Schale,
Wenn Erd' und Leben weicht,
Im letzten Abendmahle.

Zur Hochzeit ruft der Tod —
Die Lampen brennen helle —
Die Jungfraun sind zur Stelle —
Um Öl ist keine Not —

Erklänge doch die Ferne
Von deinem Zuge schon,
Und ruften uns die Sterne
Mit Menschenzung' und Ton.

Nach dir, Maria, heben
Schon tausend Herzen sich.
In diesem Schattenleben
Verlangten sie nur dich.
Sie hoffen zu genesen
Mit ahndungsvoller Lust —
Drückst du sie, heil'ges Wesen,
An deine treue Brust.

So manche, die sich glühend
In bittrer Qual verzehrt
Und dieser Welt entfliehend
Nach dir sich hingekehrt;
Die hilfreich uns erschienen
In mancher Not und Pein —
Wir kommen nun zu ihnen,
Um ewig da zu sein.

Nun weint an keinem Grabe,
Für Schmerz, wer liebend glaubt,
Der Liebe süße Habe
Wird keinem nicht geraubt —
Die Sehnsucht ihm zu lindern,
Begeistert ihn die Nacht —
Von treuen Himmelskindern
Wird ihm sein Herz bewacht.

Getrost, das Leben schreitet
Zum ew'gen Leben hin;
Von innrer Glut geweitet
Verklärt sich unser Sinn.
Die Sternwelt wird zerfließen
Zum goldnen Lebenswein,
Wir werden sie genießen
Und lichte Sterne sein.

Die Lieb' ist freigegeben,
Und keine Trennung mehr.

Es wogt das volle Leben
Wie ein unendlich Meer.
Nur e i n e Nacht der Wonne —
Ein ewiges Gedicht —
Und unser aller Sonne
Ist Gottes Angesicht.

Sehnsucht nach dem Tode

Hinunter in der Erde Schoß,

Weg aus des Lichtes Reichen,

Der Schmerzen Wut und wilder Stoß
Ist froher Abfahrt Zeichen.
Wir kommen in dem engen Kahn
Geschwind am Himmelsufer an.

Gelobt sei uns die ew'ge Nacht,
Gelobt der ew'ge Schlummer.
Wohl hat der Tag uns warm gemacht,
Und welk der lange Kummer.
Die Lust der Fremde ging uns aus,
Zum Vater wollen wir nach Haus.

Was sollen wir auf dieser Welt
Mit unsrer Lieb' und Treue.
Das Alte wird hintangestellt,
Was soll uns dann das Neue.
O! einsam steht und tiefbetrübt,
Wer heiß und fromm die Vorzeit liebt.

Die Vorzeit, wo die Sinne licht
In hohen Flammen brannten,
Des Vaters Hand und Angesicht
Die Menschen noch erkannten,
Und hohen Sinns, einfältiglich
Noch mancher seinem Urbild glich.

Die Vorzeit, wo noch blütenreich
Uralte Stämme prangten,
Und Kinder für das Himmelreich
Nach Qual und Tod verlangten.

Und wenn auch Lust und Leben sprach,
Doch manches Herz für Liebe brach.

Die Vorzeit, wo in Jugendglut
Gott selbst sich kundgegeben
Und frühem Tod in Liebesmut
Geweiht sein süßes Leben.
Und Angst und Schmerz nicht von sich trieb,
Damit er uns nur teuer blieb.

Mit banger Sehnsucht sehn wir sie
In dunkle Nacht gehüllet,
In dieser Zeitlichkeit wird nie
Der heiße Durst gestillet.
Wir müssen nach der Heimat gehn,
Um diese heil'ge Zeit zu sehn.

Was hält noch unsre Rückkehr auf,
Die Liebsten ruhn schon lange.
Ihr Grab schließt unsern Lebenslauf,
Nun wird uns weh und bange.
Zu suchen haben wir nichts mehr —
Das Herz ist satt — die Welt ist leer.

Unendlich und geheimnisvoll
Durchströmt uns süßer Schauer —
Mir deucht, aus tiefen Fernen scholl
Ein Echo unsrer Trauer
Die Lieben sehnen sich wohl auch
Und sandten uns der Sehnsucht Hauch.

Hinunter zu der süßen Braut,
Zu Jesus, dem Geliebten —
Getrost, die Abenddämmrung graut
Den Liebenden, Betrübten.
Ein Traum bricht unsre Banden los
Und senkt uns in des Vaters Schoß.

Die Christenheit oder Europa

Es waren schöne, glänzende Zeiten, wo Europa ein christliches Land war, wo e i n e Christenheit diesen menschlich gestalteten Weltteil bewohnte;

e i n großes gemeinschaftliches Interesse verband die entlegensten Provinzen dieses weiten geistlichen Reichs. — Ohne große weltliche Besitztümer lenkte und vereinigte e i n Oberhaupt die großen politischen Kräfte. — Eine zahlreiche Zunft, zu der jedermann den Zutritt hatte, stand unmittelbar unter demselben und vollführte seine Winke und strebte mit Eifer seine wohltätige Macht zu befestigen. Jedes Glied dieser Gesellschaft wurde allenthalben geehrt, und wenn die gemeinen Leute Trost oder Hilfe, Schutz oder Rat bei ihm suchten und gerne dafür seine mannigfaltigen Bedürfnisse reichlich versorgten, so fand es auch bei den Mächtigeren Schutz, Ansehn und Gehör, und alle pflegten diese auserwählten, mit wunderbaren Kräften ausgerüsteten Männer, wie Kinder des Himmels, deren Gegenwart und Zuneigung mannigfachen Segen verbreitete. Kindliches Zutrauen knüpfte die Menschen an ihre Verkündigungen. — Wie heiter konnte jedermann sein irdisches Tagewerk vollbringen, da ihm durch diese heilige Menschen eine sichere Zukunft bereitet, und jeder Fehltritt durch sie vergeben, jede mißfarbige Stelle des Lebens durch sie ausgelöscht und geklärt wurde. Sie waren die erfahrnen Steuerleute auf dem großen unbekannten Meere, in deren Obhut man alle Stürme geringschätzen und zuversichtlich auf eine sichre Gelangung und Landung an der Küste der eigentlichen vaterländischen Welt rechnen durfte.

Die wildesten, gefräßigsten Neigungen mußten der Ehrfurcht und dem Gehorsam gegen ihre Worte weichen. Friede ging von ihnen aus. — Sie predigten nichts als Liebe zu der heiligen, wunderschönen Frau der Christenheit, die, mit göttlichen Kräften versehen, jeden Gläubigen aus den schrecklichsten Gefahren zu retten bereit war. Sie erzählten von längst verstorbenen himmlischen Menschen, die durch Anhänglichkeit und Treue an jene selige Mutter und ihr himmlisches, freundliches Kind die Versuchung der irdischen Welt bestanden, zu göttlichen Ehren gelangt und nun schützende, wohltätige Mächte ihrer lebenden Brüder, willige Helfer in der Not, Vertreter menschlicher Gebrechen und wirksame Freunde der Menschheit am himmlischen Throne geworden waren. Mit welcher Heiterkeit verließ man die schönen Versammlungen in den geheimnisvollen Kirchen, die mit ermunternden Bildern geschmückt, mit süßen Düften erfüllt und von heiliger erhebender Musik belebt waren. In ihnen wurden die geweihten Reste ehemaliger gottesfürchtiger Menschen dankbar in köstlichen Behältnissen aufbewahrt. Und an ihnen offenbarte sich die göttliche Güte und Allmacht, die mächtige Wohltätigkeit dieser glücklichen Frommen, durch herrliche Wunder und Zeichen. So bewahren liebende Seelen Locken oder Schriftzüge ihrer verstorbenen Geliebten und nähren die süße Glut damit, bis an den wiedervereinigenden Tod. Man sammelte mit inniger Sorgfalt überall, was diesen geliebten Seelen angehört hatte, und jeder pries sich glücklich, der eine so tröstliche Reliquie erhalten oder nur berühren konnte. Hin und wieder schien sich die himmlische Gnade vorzüglich auf ein seltsames Bild oder einen Grabhügel niedergelassen zu haben. Dorthin strömten aus allen Gegenden Menschen mit schönen Gaben und brachten himmlische Gegengeschenke: Frieden der Seele und Gesundheit des Leibes, zurück. Emsig suchte diese mächtige, friedenstiftende Gesellschaft alle Menschen dieses schönen Glaubens teilhaftig zu machen und sandte ihre Genossen in alle Weltteile, um überall das Evangelium des Lebens zu verkündigen und das Himmelreich zum einzigen Reiche auf dieser Welt zu machen. Mit Recht widersetzte sich das weise Oberhaupt der Kirche frechen Ausbildungen menschlicher Anlagen auf Kosten des heiligen Sinns, und unzeitigen gefährlichen Entdeckungen im Gebiete des Wissens. So wehrte er den kühnen Denkern öffentlich zu behaupten, daß die Erde ein unbedeutender Wandelstern sei, denn er wußte wohl, daß die Menschen mit der Achtung für ihren Wohnsitz und ihr irdisches Vaterland auch die Achtung vor der himmlischen Heimat und ihrem Geschlecht verlieren und das eingeschränkte Wissen dem unendlichen Glauben vorziehn und sich gewöhnen würden, alles Große und Wunderwürdige zu verachten und als tote Gesetzwirkung zu betrachten. An seinem Hofe versammelten sich alle klugen und ehrwürdigen Menschen aus Europa. Alle Schätze flossen dahin, das zerstörte Jerusalem hatte sich gerächt, und Rom selbst war Jerusalem, die heilige Residenz der göttlichen Regierung auf Erden geworden. Fürsten legten ihre Streitigkeiten dem Vater der Christenheit vor, willig ihm ihre Kronen und ihre Herrlichkeit zu Füßen, ja sie achteten es sich zum Ruhm, als Mitglieder dieser hohen Zunft, den Abend ihres Lebens in göttlichen Betrachtungen zwischen einsamen Klostermauern zu beschließen. Wie wohltätig, wie angemessen der innern Natur der Menschen diese Regierung, diese Einrichtung war, zeigte das gewaltige Emporstreben aller andern menschlichen Kräfte, die harmonische Entwickelung aller Anlagen; die ungeheure Höhe, die einzelne Menschen in allen Fächern der Wissenschaften des Lebens und der Künste erreichten, und der überall blühende Handelsverkehr mit geistigen und irdischen Waren, in dem Umkreis von Europa und bis in das fernste Indien hinaus.

Das waren die schönen wesentlichen Züge der echtkatholischen oder echtchristlichen Zeiten. Noch war die Menschheit für dieses herrliche Reich nicht reif, nicht gebildet genug. Es war eine erste Liebe, die im Drucke des Geschäftslebens entschlummerte, deren Andenken durch eigennützige Sorgen verdrängt, und deren Band nachher als Trug und Wahn ausgeschrien und nach spätern Erfahrungen beurteilt, — auf immer von einem großen Teil der Europäer zerrissen wurde. Diese innere große Spaltung, die zerstörende Kriege begleiteten, war ein merkwürdiges Zeichen der Schädlichkeit der Kultur für den Sinn des Unsichtbaren, wenigstens einer temporellen Schädlichkeit der Kultur einer gewissen Stufe. Vernichtet kann jener unsterbliche Sinn nicht werden, aber getrübt, gelähmt, von andern Sinnen verdrängt. — Eine längere Gemeinschaft der Menschen vermindert die Neigungen, den Glauben an ihr Geschlecht und gewöhnt sie, ihr ganzes Dichten und Trachten den Mitteln des Wohlbefindens allein zuzuwenden, die Bedürfnisse und die Künste ihrer Befriedigung werden verwickelter, der habsüchtige Mensch hat so viel Zeit nötig, sich mit ihnen bekannt zu machen und Fertigkeiten in ihnen sich zu erwerben, daß keine Zeit zum stillen Sammeln des Gemüts, zur aufmerksamen Betrachtung der innern Welt übrigbleibt. — In Kollisionsfällen scheint ihm das gegenwärtige Interesse näher zu liegen, und so fällt die schöne Blüte seiner Jugend, Glauben und Liebe, ab und macht den derbern Früchten, Wissen und Haben, Platz. Man gedenkt des Frühlings im Spätherbst wie eines kindischen Traums und hofft mit kindischer Einfalt, die vollen Speicher sollen auf immer aushalten. Eine gewisse Einsamkeit scheint dem Gedeihen der höhern Sinne notwendig zu sein, und daher muß ein zu ausgebreiteter Umgang der Menschen miteinander manchen heiligen Keim ersticken und die Götter, die den unruhigen Tumult zerstreuender Gesellschaften und die Verhandlungen kleinlicher Angelegenheiten fliehen, verscheuchen. Überdem haben wir ja mit Zeiten und Perioden zu tun, und ist diesen eine Oszillation, ein Wechsel entgegengesetzter Bewegungen nicht wesentlich? und ist diesen eine beschränkte Dauer nicht eigentümlich, ein Wachstum und ein Abnehmen nicht ihre Natur? aber auch eine Auferstehung, eine Verjüngung, in neuer, tüchtiger Gestalt, nicht auch von ihnen mit Gewißheit zu erwarten? Fortschreitende, immer mehr sich vergrößernde Evolutionen sind der Stoff der Geschichte. Was jetzt nicht die Vollendung erreicht, wird sie bei einem künftigen Versuch erreichen, oder bei einem abermaligen; vergänglich ist nichts, was die Geschichte ergriff, aus unzähligen Verwandlungen geht es in immer reiferen Gestalten erneuet wieder hervor. Einmal war doch das Christentum mit voller Macht und Herrlichkeit erschienen, bis zu einer neuen Welt-Inspiration herrschte seine Ruine, sein Buchstabe mit immer zunehmender Ohnmacht und Verspottung. Unendliche Trägheit lag schwer auf der sicher gewordenen Zunft der Geistlichkeit. Sie war stehngeblieben im Gefühl ihres Ansehns und ihrer Bequemlichkeit, während die Laien ihr unter den Händen Erfahrung und Gelehrsamkeit entwandt und mächtige Schritte auf dem Wege der Bildung vorausgetan hatten. In der Vergessenheit ihres eigentlichen Amts, die Ersten unter den Menschen an Geist, Einsicht und Bildung zu sein, waren ihnen die niedrigen Begierden zu Kopf gewachsen, und die Gemeinheit und Niedrigkeit ihrer Denkungsart wurde durch ihre Kleidung und ihren Beruf noch widerlicher. So fielen Achtung und Zutrauen, die Stützen dieses und jedes Reichs, allmählich weg, und damit war jene Zunft vernichtet, und die eigentliche Herrschaft Roms hatte lange vor der gewaltsamen Insurrektion stillschweigend aufgehört. Nur kluge, also auch nur zeitliche Maßregeln hielten den Leichnam der Verfassung noch zusammen und bewahrten ihn vor zu schleuniger Auflösung, wohin denn z. B. die Abschaffung der Priesterehe vorzüglich gehörte. Eine Maßregel, die analog angewandt auch dem ähnlichen Soldatenstand eine fürchterliche Konsistenz verleihen und sein Leben noch lange fristen könnte. Was war natürlicher, als daß endlich ein feuerfangender Kopf öffentlichen Aufstand gegen den despotischen Buchstaben der ehemaligen Verfassung predigte, und mit um so größerm Glück, da er selbst Zunftgenosse war.

Mit Recht nannten sich die Insurgenten Protestanten, denn sie protestierten feierlich gegen jede Anmaßung einer unbequemen und unrechtmäßig scheinenden Gewalt über das Gewissen. Sie nahmen ihr stillschweigend abgegebenes Recht auf Religionsuntersuchung, -bestimmung und -wahl als vakant wieder einstweilen an sich zurück. Sie stellten auch eine Menge richtiger Grundsätze auf, führten eine Menge löblicher Dinge ein und schafften eine Menge verderblicher Satzungen ab; aber sie vergaßen das notwendige Resultat ihres Prozesses, trennten das Untrennbare, teilten die unteilbare Kirche und rissen sich frevelnd aus dem allgemeinen christlichen Verein, durch welchen und in welchem allein die echte, dauernde Wiedergeburt möglich war. Der Zustand religiöser Anarchie darf nur vorübergehend sein, denn der notwendige Grund, eine Zahl Menschen lediglich diesem hohen Berufe zu widmen, und diese Zahl Menschen unabhängig von der irdischen Gewalt in Rücksicht dieser Angelegenheiten zu machen, bleibt in fortdauernder Wirksamkeit und Gültigkeit. — Die Errichtung der Konsistorien und die Beibehaltung einer Art Geistlichkeit half diesem Bedürfnisse nicht ab und war kein zureichender Ersatz. Unglücklicherweise hatten sich die Fürsten in diese Spaltung gemischt, und viele benutzten diese Streitigkeiten zur Befestigung und Erweiterung ihrer landesherrlichen Gewalt und Einkünfte. Sie waren froh jenes hohen Einflusses überhoben zu sein und nahmen die neuen Konsistorien nun unter ihre landesväterliche Beschützung und Leitung. Sie waren eifrigst besorgt, die gänzliche Vereinigung der protestantischen Kirchen zu hindern, und so wurde die Religion irreligiöserweise in Staatsgrenzen eingeschlossen, und damit der Grund zur allmählichen Untergrabung des religiösen kosmopolitischen Interesses gelegt. So verlor die Religion ihren großen politischen friedestiftenden Einfluß, ihre eigentümliche Rolle des vereinigenden, individualisierenden Prinzips, der Christenheit. Der Religionsfriede ward nach ganz fehlerhaften und religionswidrigen Grundsätzen abgeschlossen, und durch die Fortsetzung des sogenannten Protestantismus etwas durchaus Widersprechendes — eine Revolutionsregierung permanent erklärt.

Indes liegt dem Protestantismus bei weitem nicht bloß jener reine Begriff zum Grunde, sondern Luther behandelte das Christentum überhaupt willkürlich, verkannte seinen Geist und führte einen andern Buchstaben und eine andere Religion ein, nämlich die heilige Allgemeingültigkeit der Bibel, und damit wurde leider eine andere höchst fremde irdische Wissenschaft in die Religionsangelegenheit gemischt — die Philologie —, deren auszehrender Einfluß von da an unverkennbar wird. Er wurde selbst aus dunkelm Gefühl dieses Fehlgriffs bei einem großen Teil der Protestanten zum Rang eines Evangelisten erhoben und seine Übersetzung kanonisiert.

Dem religiösen Sinn war diese Wahl höchst verderblich, da nichts seine Irritabilität so vernichtet, wie der Buchstabe. Im ehemaligen Zustande hatte dieser bei dem großen Umfange, der Geschmeidigkeit und dem reichhaltigen Stoff des katholischen Glaubens, sowie der Esoterisierung der Bibel und der heiligen Gewalt der Konzilien und des geistlichen Oberhaupts, nie so schädlich werden können; jetzt aber wurden diese Gegenmittel vernichtet, die absolute Popularität der Bibel behauptet, und nun drückte der dürftige Inhalt, der rohe, abstrakte Entwurf der Religion in diesen Büchern desto merklicher, und erschwerte dem heiligen Geiste die freie Belebung, Eindringung und Offenbarung unendlich.

Daher zeigt uns auch die Geschichte des Protestantismus keine herrlichen, großen Erscheinungen des Überirdischen mehr, nur sein Anfang glänzt durch ein vorübergehendes Feuer des Himmels, bald nachher ist schon die Vertrocknung des heiligen Sinns bemerklich; das Weltliche hat die Oberhand gewonnen, der Kunstsinn leidet sympathetisch mit, nur selten, daß hie und da ein gediegener, ewiger Lebensfunke hervorspringt, und eine kleine Gemeinde sich assimiliert. Er verlischt und die Gemeinde fließt wieder auseinander und schwimmt mit dem Strome fort. So Zinzendorf, Jakob Böhme und mehrere. Die Moderatisten behalten die Oberhand, und die Zeit nähert sich einer gänzlichen Atonie der höhern Organe, der Periode des praktischen Unglaubens. Mit der Reformation war's um die Christenheit getan. Von nun an war keine mehr vorhanden. Katholiken und Protestanten oder Reformierte standen in sektirischer Abgeschnittenheit weiter voneinander, als von Mohammedanern und Heiden. Die übriggebliebenen katholischen Staaten vegetierten fort, nicht ohne den schädlichen Einfluß der benachbarten protestantischen Staaten unmerklich zu fühlen. Die neuere Politik entstand erst in diesem Zeitpunkt, und einzelne mächtige Staaten suchten den vakanten Universalstuhl, in einen Thron verwandelt, in Besitz zu nehmen.

Den meisten Fürsten schien es eine Erniedrigung, sich nach einem ohnmächtigen Geistlichen zu genieren. — Sie fühlten zum erstenmal das Gewicht ihrer körperlichen Kraft auf Erden, sahen die himmlischen Mächte untätig bei Verletzung ihrer Repräsentanten und suchten nun allgemach ohne Aufsehn vor den noch eifrig päpstlich gesinnten Untertanen das lästige römische Joch abzuwerfen und sich unabhängig auf Erden zu machen. — Ihr unruhiges Gewissen beruhigten kluge Seelsorger, die nichts dabei verloren, daß ihre geistlichen Kinder die Disposition über das Kirchenvermögen sich anmaßten.

Zum Glück für die alte Verfassung tat sich jetzt ein neu entstandener Orden hervor, auf welchen der sterbende Geist der Hierarchie seine letzten Gaben ausgegossen zu haben schien, der mit neuer Kraft das Alte zurüstete und mit wunderbarer Einsicht und Beharrlichkeit, klüger als je vorher geschehen, sich des päpstlichen Reichs und seiner mächtigern Regeneration annahm. Noch war keine solche Gesellschaft in der Weltgeschichte anzutreffen gewesen. Mit größerer Sicherheit des Erfolgs hatte selbst der alte römische Senat nicht Pläne zur Welteroberung entworfen. Mit größerem Verstand war an die Ausführung einer größeren Idee noch nicht gedacht worden. Ewig wird diese Gesellschaft ein Muster aller Gesellschaften sein, die eine organische Sehnsucht nach unendlicher Verbreitung und ewiger Dauer fühlen, — aber auch ewig ein Beweis, daß die unbewachte Zeit allein die klügsten Unternehmungen vereitelt, und der natürliche Wachstum des ganzen Geschlechts unaufhaltsam den künstlichen Wachstum eines Teils unterdrückt. Alles einzelne für sich hat ein eigenes Maß von Fähigkeit, nur die Kapazität des Geschlechts ist unermeßlich. Alle Pläne müssen fehlschlagen, die nicht auf alle Anlagen des Geschlechts vollständig angelegte Pläne sind. Noch merkwürdiger wird diese Gesellschaft, als Mutter der sogenannten geheimen Gesellschaften, eines jetzt noch unreifen, aber gewiß wichtigen geschichtlichen Keims. Einen gefährlichern Nebenbuhler konnte der neue Lutheranismus, nicht Protestantismus, gewiß nicht erhalten. Alle Zauber des katholischen Glaubens wurden unter seiner Hand noch kräftiger, die Schätze der Wissenschaften flossen in seine Zelle zurück. Was in Europa verloren war, suchten sie in den andern Weltteilen, in dem fernsten Abend und Morgen, vielfach wiederzugewinnen, und die apostolische Würde und Beruf sich zuzueignen und geltend zu machen. Auch sie blieben in den Bemühungen nach Popularität nicht zurück und wußten wohl, wie viel Luther seinen demagogischen Künsten, seinem Studium des gemeinen Volks zu verdanken gehabt hatte. Überall legten sie Schulen an, drangen in die Beichtstühle, bestiegen die Katheder und beschäftigten die Pressen, wurden Dichter und Weltweise, Minister und Märtyrer, und blieben in der ungeheuren Ausdehnung von Amerika über Europa nach China in dem wunderbarsten Einverständnis der Tat und der Lehre. Aus ihren Schulen rekrutierten sie mit weiser Auswahl ihren Orden. Gegen die Lutheraner predigten sie mit zerstörendem Eifer und suchten die grausamste Vertilgung dieser Ketzer, als eigentlicher Genossen des Teufels, zur dringendsten Pflicht der katholischen Christenheit zu machen. Ihnen allein hatten die katholischen Staaten und insonderheit der päpstliche Stuhl ihr langes Überleben der Reformation zu danken gehabt, und wer weiß, wie alt die Welt noch aussehn würde, wenn nicht schwache Obere, Eifersucht der Fürsten und andern geistlichen Orden, Hofintrigen und andere sonderbare Umstände ihren kühnen Lauf unterbrochen und mit ihnen diese letzte Schutzwehr der katholischen Verfassung beinah vernichtet hätten. Jetzt schläft er, dieser furchtbare Orden, in armseliger Gestalt an den Grenzen von Europa, vielleicht daß er von daher sich, wie das Volk, das ihn beschützt, mit neuer Gewalt einst über seine alte Heimat, vielleicht unter anderm Namen, verbreitet.

Die Reformation war ein Zeichen der Zeit gewesen. Sie war für ganz Europa bedeutend, wenn sie gleich nur im wahrhaft freien Deutschland öffentlich ausgebrochen war. Die guten Köpfe aller Nationen waren heimlich mündig geworden und lehnten sich im täuschenden Gefühl ihres Berufs um desto dreister gegen verjährten Zwang auf. Aus Instinkt ist der Gelehrte Feind der Geistlichkeit nach alter Verfassung; der gelehrte und der geistliche Stand müssen Vertilgungskriege führen, wenn sie getrennt sind; denn sie streiten um e i n e Stelle. Diese Trennung tat sich immer mehr hervor, und die Gelehrten gewannen desto mehr Feld, je mehr sich die Geschichte der europäischen Menschheit dem Zeitraum der triumphierenden Gelehrsamkeit näherte, und Wissen und Glauben in eine entschiedenere Opposition traten. Im Glauben suchte man den Grund der allgemeinen Stockung, und durch das durchdringende Wissen hoffte man sie zu heben. Überall litt der heilige Sinn unter den mannigfachen Verfolgungen seiner bisherigen Art, seiner zeitigen Personalität. Das Resultat der modernen Denkungsart nannte man Philosophie und rechnete alles dazu, was dem Alten entgegen war, vorzüglich also jeden Einfall gegen die Religion. Der anfängliche Personalhaß gegen den katholischen Glauben ging allmählich in Haß gegen die Bibel, gegen den christlichen Glauben und endlich gar gegen die Religion über. Noch mehr — der Religionshaß dehnte sich sehr natürlich und folgerecht auf alle Gegenstände des Enthusiasmus aus, verketzerte Phantasie und Gefühl, Sittlichkeit und Kunstliebe, Zukunft und Vorzeit, setzte den Menschen in der Reihe der Naturwesen mit Not obenan, und machte die unendliche schöpferische Musik des Weltalls zum einförmigen Klappern einer ungeheuren Mühle, die vom Strom des Zufalls getrieben und auf ihm schwimmend, eine Mühle an sich, ohne Baumeister und Müller, und eigentlich ein echtes Perpetuum mobile, eine sich selbst mahlende Mühle sei.

Ein Enthusiasmus ward großmütig dem armen Menschengeschlechte übriggelassen und als Prüfstein der höchsten Bildung jedem Aktionär derselben unentbehrlich gemacht — der Enthusiasmus für diese herrliche, großartige Philosophie und insbesondere für ihre Priester und ihre Mystagogen. Frankreich war so glücklich, der Schoß und der Sitz dieses neuen Glaubens zu werden, der aus lauter Wissen zusammengeklebt war. So verschrien die Poesie in dieser neuen Kirche war, so gab es doch einige Poeten darunter, die des Effekts wegen noch des alten Schmucks und des alten Lichtes sich bedienten, aber dabei in Gefahr kamen, das neue Weltsystem mit altem Feuer zu entzünden. Klügere Mitglieder wußten jedoch die schon warm gewordenen Zuhörer sogleich wieder mit kaltem

Wasser zu begießen. Die Mitglieder waren rastlos beschäftigt, die Natur, den Erdboden, die menschliche Seele und die Wissenschaften von der Poesie zu säubern, — jede Spur des Heiligen zu vertilgen, das Andenken an alle erhebende Vorfälle und Menschen durch Sarkasmen zu verleiden und die Welt alles bunten Schmucks zu entkleiden. Das Licht war wegen seines mathematischen Gehorsams und seiner Frechheit ihr Liebling geworden. Sie freuten sich, daß es sich eher zerbrechen ließ, als daß es mit Farben gespielt hätte, und so benannten sie nach ihm ihr großes Geschäft Aufklärung. In Deutschland betrieb man dieses Geschäft gründlicher, man reformierte das Erziehungswesen, man suchte der alten Religion einen neuern, vernünftigern, gemeinern Sinn zu geben, indem man alles Wunderbare und Geheimnisvolle sorgfältig von ihr abwusch; alle Gelehrsamkeit ward aufgeboten, um die Zuflucht zur Geschichte abzuschneiden, indem man die Geschichte zu einem häuslichen und bürgerlichen Sitten- und Familiengemälde zu veredeln sich bemühte. — Gott wurde zum müßigen Zuschauer des großen rührenden Schauspiels, das die Gelehrten aufführten, gemacht, welcher am Ende die Dichter und Spieler feierlich bewirten und bewundern sollte. Das gemeine Volk wurde recht mit Vorliebe aufgeklärt und zu jenem gebildeten Enthusiasmus erzogen, und so entstand eine neue europäische Zunft: die Philanthropen und Aufklärer. Schade, daß die Natur so wunderbar und unbegreiflich, so poetisch und unendlich blieb, allen Bemühungen sie zu modernisieren zum Trotz. Duckte sich ja irgendwo ein alter Aberglaube an eine höhere Welt und sonst auf, so wurde gleich von allen Seiten Lärm geblasen, und womöglich der gefährliche Funke durch Philosophie und Witz in der Asche erstickt; dennoch war Toleranz das Losungswort der Gebildeten, und besonders in Frankreich gleichbedeutend mit Philosophie. Höchst merkwürdig ist diese Geschichte des modernen Unglaubens, und der Schlüssel zu allen ungeheuren Phänomenen der neuern Zeit. Erst in diesem Jahrhundert und besonders in seiner letzten Hälfte beginnt sie und wächst in kurzer Zeit zu einer unübersehlichen Größe und Mannigfaltigkeit; eine zweite Reformation, eine umfassendere und eigentümlichere war unvermeidlich und mußte das Land zuerst treffen, das am meisten modernisiert war und am längsten aus Mangel an Freiheit in asthenischem Zustande gelegen hatte. Längst hätte sich das überirdische Feuer Luft gemacht und die klugen Aufklärungspläne vereitelt, wenn nicht weltlicher Druck und Einfluß denselben zustatten gekommen wären. In dem Augenblick aber, wo ein Zwiespalt unter den Gelehrten und Regierungen, unter den Feinden der Religion und ihrer ganzen Genossenschaft entstand, mußte sie wieder als drittes tonangebendes vermittelndes Glied hervortreten, und diesen Hervortritt muß nun jeder Freund derselben anerkennen und verkündigen, wenn er noch nicht merklich genug sein sollte. Daß die Zeit der Auferstehung gekommen ist, und gerade die Begebenheiten, die gegen ihre Belebung gerichtet zu sein schienen und ihren Untergang zu vollenden drohten, die günstigsten Zeichen ihrer Regeneration geworden sind, dieses kann einem historischen Gemüte gar nicht zweifelhaft bleiben. Wahrhafte Anarchie ist das Zeugungselement der Religion. Aus der Vernichtung alles Positiven hebt sie ihr glorreiches Haupt als neue Weltstifterin empor. Wie von selbst steigt der Mensch gen Himmel auf, wenn ihn nichts mehr bindet, die höhern Organe treten von selbst aus der allgemeinen gleichförmigen Mischung und vollständigen Auflösung aller menschlichen Anlagen und Kräfte als der Urkern der irdischen Gestaltung zuerst heraus. Der Geist Gottes schwebt über den Wassern, und ein himmlisches Eiland wird als Wohnstätte der neuen Menschen, als Stromgebiet des ewigen Lebens zuerst sichtbar über den zurückströmenden Wogen.

Ruhig und unbefangen betrachte der echte Beobachter die neuen staatsumwälzenden Zeiten. Kommt ihm der Staatsumwälzer nicht wie Sisyphus vor? Jetzt hat er die Spitze des Gleichgewichts erreicht, und schon rollt die mächtige Last auf der andern Seite wieder herunter. Sie wird nie oben bleiben, wenn nicht eine Anziehung gegen den Himmel sie auf der Höhe schwebend erhält. Alle eure Stützen sind zu schwach, wenn euer Staat die Tendenz nach der Erde behält. Aber knüpft ihn durch eine höhere Sehnsucht an die Höhen des Himmels, gebt ihm eine Beziehung aufs Weltall, dann habt ihr eine nie ermüdende Feder in ihm und werdet eure Bemühungen reichlich belohnt sehn. An die Geschichte verweise ich euch, forscht in ihrem belehrenden Zusammenhang nach ähnlichen Zeitpunkten und lernt den Zauberstab der Analogie gebrauchen.

Soll die Revolution die französische bleiben, wie die Reformation die lutherische war! Soll der Protestantismus abermals widernatürlicherweise als revolutionäre Regierung fixiert werden? Sollen Buchstaben Buchstaben Platz machen? Sucht ihr den Keim des Verderbens auch in der alten Einrichtung, dem alten Geiste? und glaubt euch auf eine bessere Einrichtung, einen bessern Geist zu verstehn? O! daß der Geist der Geister euch erfüllte, und ihr abließet von diesem törichten Bestreben, die Geschichte und die Menschheit zu modeln und eure Richtung ihr zu geben. Ist sie nicht selbständig, nicht eigenmächtig, so gut wie unendlich liebenswert und weissagend? Sie zu studieren, ihr nachzugehn, von ihr zu lernen, mit ihr gleichen Schritt zu halten, gläubig ihren Verheißungen und Winken zu folgen — daran denkt keiner.

In Frankreich hat man viel für die Religion getan, indem man ihr das Bürgerrecht genommen und ihr bloß das Recht der Hausgenossenschaft gelassen hat, und zwar nicht in e i n e r Person, sondern in allen ihren unzähligen individuellen Gestalten. Als eine fremde, unscheinbare Waise muß sie erst die Herzen wiedergewinnen und schon überall geliebt sein, ehe sie wieder öffentlich angebetet und in weltliche Dinge zur freundschaftlichen Beratung und Stimmung der Gemüter gemischt wird. Historisch merkwürdig bleibt der Versuch jener großen eisernen Maske, die unter dem Namen Robespierre in der Religion den Mittelpunkt und die Kraft der Republik suchte; auch der Kaltsinn, womit die Theophilanthropie, dieser Mystizismus der neuern Aufklärung, aufgenommen worden ist; auch die neuen Eroberungen der Jesuiten; auch die Näherung ans Morgenland durch die neuern politischen Verhältnisse.

Von den übrigen europäischen Ländern, außer Deutschland, läßt sich nur prophezeien, daß mit dem F r i e d e n ein neues höheres religiöses Leben in ihnen zu pulsieren [beginnen] und bald alles andere weltliche Interesse verschlingen wird. In Deutschland hingegen kann man schon mit voller Gewißheit die Spuren einer neuen Welt aufzeigen. Deutschland geht einen langsamen, aber sichern Gang vor den übrigen europäischen Ländern voraus. Während diese durch Krieg, Spekulation und Parteigeist beschäftigt sind, bildet sich der Deutsche mit allem Fleiß zum Genossen einer höhern Epoche der Kultur, und dieser Vorschritt muß ihm ein großes Übergewicht über die andern im Lauf der Zeit geben. In Wissenschaften und Künsten wird man eine gewaltige Gärung gewahr. Unendlich viel Geist wird entwickelt. Aus neuen, frischen Fundgruben wird gefördert. — Nie waren die Wissenschaften in besseren Händen und erregten wenigstens größere Erwartungen; die verschiedensten Seiten der Gegenstände werden aufgespürt, nichts wird ungerüttelt, unbeurteilt, undurchsucht gelassen. Alles wird bearbeitet; die Schriftsteller werden eigentümlicher und gewaltiger, jedes alte Denkmal der Geschichte, jede Kunst, jede Wissenschaft findet Freunde und wird mit neuer Liebe umarmt und fruchtbar gemacht. Eine Vielseitigkeit ohnegleichen, eine wunderbare Tiefe, eine glänzende Politur, vielumfassende Kenntnisse und eine reiche, kräftige Phantasie findet man hie und da, und oft kühn gepaart. Eine gewaltige Ahndung der schöpferischen Willkür, der Grenzenlosigkeit, der unendlichen Mannigfaltigkeit, der heiligen Eigentümlichkeit und der Allfähigkeit der innern Menschheit scheint überall rege zu werden. Aus dem Morgentraum der unbehilflichen Kindheit erwacht, übt ein Teil des Geschlechts seine ersten Kräfte an Schlangen, die seine Wiege umschlingen und den Gebrauch seiner Gliedmaßen ihm benehmen wollen. Noch sind alles nur Andeutungen, unzusammenhängend und roh, aber sie verraten dem historischen Auge eine universelle Individualität, eine neue Geschichte, eine neue Menschheit, die süßeste Umarmung einer jungen überraschten Kirche und eines liebenden Gottes und das innige Empfängnis eines neuen Messias in ihren tausend Gliedern zugleich. Wer fühlt sich nicht mit süßer Scham guter Hoffnung? Das Neugeborne wird das Abbild seines Vaters, eine neue goldne Zeit mit dunkeln, unendlichen Augen, eine prophetische, wundertätige und wundenheilende, tröstende und ewiges Leben entzündende Zeit sein — eine große Versöhnungszeit, ein Heiland, der wie ein echter Genius unter den Menschen einheimisch, nur geglaubt, nicht gesehen werden, und unter zahllosen Gestalten den Gläubigen sichtbar, als Brot und Wein verzehrt, als Geliebte umarmt, als Luft geatmet, als Wort und Gesang vernommen und mit himmlischer Wollust als Tod unter den höchsten Schmerzen der Liebe in das Innre des verbrausenden Leibes aufgenommen wird.

Jetzt stehn wir hoch genug, um auch jenen oberwähnten, vorhergegangenen Zeiten freundlich zuzulächeln und auch in jenen wunderlichen Torheiten merkwürdige Kristallisationen des historischen Stoffs zu erkennen. Dankbar wollen wir jenen Gelehrten und Philosophen die Hände drücken; denn dieser Wahn mußte zum Besten der Nachkommen erschöpft, und die wissenschaftliche Ansicht der Dinge geltend gemacht werden. Reizender und farbiger steht die Poesie wie ein geschmücktes Indien dem kalten, toten Spitzbergen jenes Stubenverstandes gegenüber. Damit Indien in der Mitte des Erdballs so warm und herrlich sei, muß ein kaltes starkes Meer, tote Klippen, Nebel statt des gestirnvollen Himmels und eine lange Nacht die beiden Enden unwirtbar machen. Die tiefe Bedeutung der Mechanik lag schwer auf diesen Anachoreten in den Wüsten des Verstandes; das Reizende der ersten Einsicht überwältigte sie, das Alte rächte sich an ihnen, sie opferten dem ersten Selbstbewußtsein das Heiligste und Schönste der Welt mit wunderbarer Verleugnung und waren die ersten, die wieder die Heiligkeit der Natur, die Unendlichkeit der Kunst, die Notwendigkeit des Wissens, die Achtung des Weltlichen und die Allgegenwart des wahrhaft Geschichtlichen durch die Tat anerkannten und verkündigten und einer höhern, allgemeinern und furchtbarern Gespensterherrschaft, als sie selbst glaubten, ein Ende machten.

Erst durch genauere Kenntnis der Religion wird man jene fürchterlichen Erzeugnisse eines Religionsschlafs, jene Träume und Deliria des heiligen Organs besser beurteilen und dann erst die Wichtigkeit jenes Geschenks recht einsehn lernen. Wo keine Götter sind, walten Gespenster, und die eigentliche Entstehungszeit der europäischen Gespenster, die auch ihre Gestalt ziemlich vollständig erklärt, ist die Periode des Übergangs der griechischen Götterlehre in das Christentum. Also kommt auch, ihr Philanthropen und Enzyklopädisten, in die friedenstiftende Loge und empfangt den Bruderkuß, streift das graue Netz ab und schaut mit junger Liebe die Wunderherrlichkeit der Natur, der Geschichte und der Menschheit an. Zu einem Bruder will ich euch führen, der soll mit euch reden, daß euch die Herzen aufgehn, und ihr eure abgestorbene, geliebte Ahndung mit neuem Leibe bekleidet, wieder umfaßt und erkennt, was euch vorschwebte und was der schwerfällige, irdische Verstand freilich euch nicht haschen konnte.

Dieser Bruder ist der Herzschlag der neuen Zeit, wer ihn gefühlt hat, zweifelt nicht mehr an ihrem Kommen und tritt mit süßem Stolz auf seine Zeitgenossenschaft auch aus dem Haufen hervor zu der neuen Schar der Jünger. Er hat einen neuen Schleier für die Heilige gemacht, der ihren himmlischen Gliederbau anschmiegend verrät und doch sie züchtiger als ein andrer verhüllt. — Der Schleier ist für die Jungfrau, was der Geist für den Leib ist, ihr unentbehrliches Organ, dessen Falten die Buchstaben ihrer süßen Verkündigung sind; das unendliche Faltenspiel ist eine Chiffernmusik, denn die Sprache ist der Jungfrau zu hölzern und zu frech, nur zum Gesang öffnen sich ihre Lippen. Mir ist er nichts als der feierliche Ruf zu einer neuen Urversammlung, der gewaltige Flügelschlag eines vorüberziehenden englischen Herolds. Es sind die ersten Wehen, setze sich jeder in Bereitschaft zur Geburt!

Das Höchste in der Physik ist jetzt vorhanden, und wir können nun leichter die wissenschaftliche Zunft übersehn. Die Hilfsbedürftigkeit der äußern Wissenschaften ward in der letzten Zeit immer sichtbarer, je bekannter wir mit ihnen wurden. Die Natur fing an immer dürftiger auszusehn, und wir sahen deutlicher, gewöhnt an den Glanz unserer Entdeckungen, daß es nur ein geborgtes Licht war, und daß wir mit den bekannten Werkzeugen und den bekannten Methoden nicht das Wesentliche, das Gesuchte finden und konstruieren würden. Jeder Forscher mußte sich gestehn, daß eine Wissenschaft nichts ohne die andere sei, und so entstanden Mystifikationsversuche der Wissenschaften, und das wunderliche Wesen der Philosophie flog jetzt als rein dargestelltes wissenschaftliches Element zu einer symmetrischen Grundfigur der Wissenschaften an. Andere brachten die konkreten Wissenschaften in neue Verhältnisse, beförderten einen lebhaften Verkehr derselben untereinander und suchten ihre naturhistorische Klassifikation aufs reine zu bringen. So währt es fort, und es ist leicht zu ermessen, wie günstig dieser Umgang mit der äußern und innern Welt, der höhern Bildung des Verstandes, der Kenntnis der erstern und der Erregung und Kultur der letztern sein muß, und wie unter diesen Umständen die Witterung sich klären und der alte Himmel und mit ihm die Sehnsucht nach ihm, die lebendige Astronomie, wieder zum Vorschein kommen muß.

Nun wollen wir uns zu dem politischen Schauspiel unsrer Zeit wenden. Alte und neue Welt sind in Kampf begriffen, die Mangelhaftigkeit und Bedürftigkeit der bisherigen Staatseinrichtungen sind in furchtbaren Phänomenen offenbar geworden. Wie, wenn auch hier wie in den Wissenschaften eine nähere und mannigfaltigere Konnexion und Berührung der europäischen Staaten zunächst der historische Zweck des Krieges wäre, wenn eine neue Regung des bisher schlummernden Europa ins Spiel käme, wenn Europa wieder erwachen wollte, wenn ein Staat der Staaten, eine politische Wissenschaftslehre uns bevorstände! Sollte etwa die Hierarchie, diese symmetrische Grundfigur der Staaten, das Prinzip des Staatenvereins als intellektuale Anschauung des politischen Ichs sein? Es ist unmöglich, daß weltliche Kräfte sich selbst ins Gleichgewicht setzen, ein drittes Element, das weltlich und überirdisch zugleich ist, kann allein diese Aufgabe lösen. Unter den streitenden Mächten kann kein Friede geschlossen werden, aller Friede ist nur Illusion, nur Waffenstillstand; auf dem Standpunkt der Kabinetter, des gemeinen Bewußtseins ist keine Vereinigung denkbar. Beide Teile haben große, notwendige Ansprüche und müssen sie machen, getrieben vom Geiste der Welt und der Menschheit. Beide sind unvertilgbare Mächte der Menschenbrust: hier die Andacht zum Altertum, die Anhänglichkeit an die geschichtliche Verfassung, die Liebe zu den Denkmalen der Altväter und der alten glorreichen Staatsfamilie und Freude des Gehorsams; dort das entzückende Gefühl der Freiheit, die unbedingte Erwartung mächtiger Wirkungskreise, die Lust am Neuen und Jungen, die zwanglose Berührung mit allen Staatsgenossen, der Stolz auf menschliche Allgemeingültigkeit, die Freude am persönlichen Recht und am Eigentum des Ganzen und das kraftvolle Bürgergefühl. Keine hoffe die andre zu vernichten, alle Eroberungen wollen hier nichts sagen, denn die innerste Hauptstadt jedes Reichs liegt nicht hinter Erdwällen und läßt sich nicht erstürmen.

Wer weiß, ob des Kriegs genug ist, aber er wird nie aufhören, wenn man nicht den Palmenzweig ergreift, den allein eine geistliche Macht darreichen kann. Es wird so lange Blut über Europa strömen, bis die Nationen ihren fürchterlichen Wahnsinn gewahr werden, der sie im Kreise herumtreibt, und von heiliger Musik getroffen und besänftigt, zu ehemaligen Altären in bunter Vermischung treten, Werke des Friedens vornehmen und ein großes Liebesmahl als Friedensfest auf den rauchenden Wahlstätten mit heißen Tränen gefeiert wird. Nur die Religion kann Europa wieder aufwecken und die Völker sichern und die Christenheit mit neuer Herrlichkeit sichtbar auf Erden in ihr altes, friedenstiftendes Amt installieren.

Haben die Nationen alles vom Menschen — nur nicht sein Herz? — sein heiliges Organ? Werden sie nicht Freunde, wie diese, an den Särgen ihrer Lieben, vergessen sie nicht alles Feindliche, wenn das göttliche Mitleid zu ihnen spricht — und e i n Unglück, e i n Jammer, e i n Gefühl ihre Augen mit Tränen füllte? Ergreift sie nicht Aufopferung und Hingebung mit Allgewalt, und sehnen sie sich nicht, Freunde und Bundesgenossen zu sein?

Wo ist jener alte, liebe, alleinseligmachende Glaube an die Regierung Gottes auf Erden, wo ist jenes himmlische Zutrauen der Menschen zueinander, jene süße Andacht bei den Ergießungen eines gottbegeisterten Gemüts, jener allesumarmende Geist der Christenheit?

Das Christentum ist dreifacher Gestalt. Eine ist als Zeugungselement der Religion, als Freude an aller Religion. Eine als Mittlertum überhaupt, als Glauben an die Allfähigkeit alles Irdischen, Wein und Brot des ewigen Lebens zu sein. Eine als Glauben an Christus, seine Mutter und die Heiligen. Wählt, welche ihr wollt; wählt alle drei, es ist gleichviel, ihr werdet damit

Christen und Mitglieder einer einzigen, ewigen, unaussprechlichen Gemeinde.

Angewandtes, lebendiggewordnes Christentum war der alte katholische Glaube, die letzte dieser Gestalten. Seine Allgegenwart im Leben, seine Liebe zur Kunst, seine tiefe Humanität, die Unverbrüchlichkeit seiner Ehen, seine menschenfreundliche Mitteilsamkeit, seine Freude an Armut, Gehorsam und Treue machen ihn als echte Religion unverkennbar und enthalten die Grundzüge seiner Verfassung.

Er ist gereinigt durch den Strom der Zeiten; in inniger unteilbarer Verbindung mit den beiden andern Gestalten des Christentums wird er ewig diesen Erdboden beglücken.

Seine zufällige Form ist so gut wie vernichtet, das alte Papsttum liegt im Grabe, und Rom ist zum zweitenmal eine Ruine geworden. Soll der Protestantismus nicht endlich aufhören und einer neuen, dauerhaftern Kirche Platz machen?

Die andern Weltteile warten auf Europas Versöhnung und Auferstehung, um sich anzuschließen und Mitbürger des Himmelreichs zu werden. Sollte es nicht in Europa bald eine Menge wahrhaft heiliger Gemüter wieder geben, sollten nicht alle wahrhafte Religionsverwandte voll Sehnsucht werden, den Himmel auf Erden zu erblicken? und gern zusammentreten und heilige Chöre anstimmen?

Die Christenheit muß wieder lebendig und wirksam werden und sich wieder eine sichtbare Kirche ohne Rücksicht auf Landesgrenzen bilden, die alle nach dem Überirdischen durstige Seelen in ihren Schoß aufnimmt und gern Vermittlerin der alten und neuen Welt wird.

Sie muß das alte Füllhorn des Segens wieder über die Völker ausgießen. Aus dem heiligen Schoße eines ehrwürdigen europäischen Konziliums wird die Christenheit aufstehn, und das Geschäft der Religionserweckung nach einem allumfassenden, göttlichen Plane betrieben werden. Keiner wird dann mehr protestieren gegen christlichen und weltlichen Zwang, denn das Wesen der Kirche wird echte Freiheit sein, und alle nötigen Reformen werden unter der Leitung derselben als friedliche und förmliche Staatsprozesse betrieben werden.

Wann und wann eher? darnach ist nicht zu fragen. Nur Geduld, sie wird, sie muß kommen, die heilige Zeit des ewigen Friedens, wo das neue Jerusalem die Hauptstadt der Welt sein wird; und bis dahin seid heiter und mutig in den Gefahren der Zeit, Genossen meines Glaubens, verkündigt mit Wort und Tat das göttliche Evangelium und bleibt dem wahrhaften, unendlichen Glauben treu bis in den Tod.

Die beiden Werke von Novalis, die dieser Band enthält, gehören nicht nur nach Form und Inhalt aufs engste zusammen. Sie scheinen auch im selben Jahre 1799 entstanden zu sein. Für das »Athenäum«, für das die »Hymnen« in die hier wiedergegebene letzte Fassung gebracht wurden, war auch die »Christenheit« bestimmt. Jedoch erst 1826 wurde der Aufsatz, der dem Dichter von protestantischer Seite sehr verdacht worden ist, ohne daß man damit freilich seinen positiven Gehalt traf, der Öffentlichkeit übergeben.

9 789356 710283

Printed at Repro India Ltd.